La 1re. pièce est relative à la paulette établie en 1605. et dont les Etats de 1614. demanderent la suppression.

La 2de. est relative aux affres. des protestans.

La 7e. n'est point dans la Bibl. historiq.

La 8e. id.

La 10e. est interessante; l'objet est de prouver le danger qu'il y a de ~~faire~~ rendre les gouvernem.ts hereditaires.

La 11e. n'est point mentionnée dans l'hist. Bibliothéq. de la France; Il y est question d'un incendie arrivé au palais le 7. mars.

N.° C.

Receuil

Années 1617. 1618.

Les Fièvres de la Paulette et ses regrets. 1617.

Declaration des plus importantes et principales raisons qui font reconoître la necessité d'une assemblée générale des Eglises reformées en la ville de la Rochelle pour le service du Roy et conservation desd. Eglises. 1617.

Lettre de M. le Duc de Mayenne au Roy et la reponse de S. M.té 11. et 17. Janv. 1617.

Avis de Colin à Margot, ou coq à l'asne, sur le tems present. 1617.

Discours sur la mort de M. de Villeroy Secretaire d'Etat. 1617.

La prise de Clamecy, du fils de M. le Duc de Nevers, et de la ville et château de Donzy. 1617.

Discours sur les trois merveilles arrivées aux 3. fleurs de lys du titre de très Chrétien Roy de France Louis 13. et de la miraculeuse Livison de M.M. les Princes. 1617.

La Noblesse françoise au Roy sur la guerre de Savoye. 1617.

L'ancre de la paix, discours sur le retour de M.M. de Vendôme de Nevers et de Mayenne. 1617.

La maladie de la France par Me. Jacq. Lescluttier 1618.

Histe. de l'incendie du Palais de Paris, trad. du latin de M. Boutray. 1618.

Discours veritable de l'apparition de la Comete vüe sur Paris le 28. 9bre. 1618.

---

avis à MM. de l'assemblée. 1618.

---

articles des remonstrances faites en la convention des 3. Etats tenus à Roüen le 24. 9bre. et jours s. 1617. avec la reponce et ord^ce. sur ce faite par le Roy le 14. fev^e. 1618.

---

v^to. /.

LES FIEVRES DE la Paulette, & ses Regrets.

A PARIS,
Par ABRAHAM SAVGRAIN,
ruë S. Iacques au dessus de
sainct Benoist.

M. DC. XVII.

LETTRE

A DORALICE.

PVis que rien n'a esté iusques icy, capable de vous esmouuoir à compassion, ny esbranler la fermeté de nostre indifference, peut estre que ces tristes plaintes de la Paulette febricitante fleschiront vostre cœur, & feront en vn quart d'heure, ce que l'amonr ny Medor, ny l'absence de Zopyre, ny les larmes d'Euphrante & sa saincte deuotion, n'ont peu faire de leur vie, elle est de vostre sexe, & vous l'aymiez tant depuis six mois, que vous n'aymiez autre chose, & maintenant elle s'en va mourir, I'estois aux pieds de ſon lict, quand elle commença ces plaintes, et lors d'vne main habile, ie me mis à les eſcrire, pour vous en faire part: Ce ſont des teſmoignages d'amitié qui n'en ont point de ſemblables, ie ne me ſouuiens pas ſeulement de vous, mais ie fais encore que les autres s'en ſouuiennẽt, & qu'ils diſent, voyant icy voſtre nom, ſans vous voir, que ce ſont les aigles ſeulement qui vous regardẽt, & que voſtre nom doit eſtre eſleué ſur ces plumes, & non pas ſur la mienne.

Les fieures de la Paulette, & ses Regrets.

VENES voir dans vn lict la pauure Paulette, triste & languissante, affligee du mal des fieures tierces, pour crainte de mourir. De trois en trois ans, ie suis subiecte à cet excés, mais ie l'ay plus violét à cét heure, dépuis qu'vn ver ronge mes entrailles, & ne veut lascher sa prise qu'il ne m'aye mangé le cœur, & toute consommee.

Ie voy pour certain la mort deuant mes yeux, car la *F*rance mesmes ma patrie, a coniuré ma ruine & s'est assemblee pour haster mō trespas. Le peuple m'accuse, & me maudit, la Noblesse me cōdamne, & ayme sa main de fer, les gens d'Eglise chantẽt de ioye, & n'ouurent le tombeau, & n'ay qu'vne poignee d'hommes, qui me parent & couurent de leur robbe: mais ô pauure defense: la preuve du courage & des armes leur est interdite, & leur force gist à ne la monstrer pas: si bien que ie suis seulette, sans ayde, & sans resistance contre mes ennemis à qui ie ne demãde rien, & mes ennemis qui abbayent apres mõ sang, sont en grand nombre, & auec armes contre moy.

Mon esprit erre desia sur les leures, & les medecins me dénient leurs remedes, pour n'auoir iamais receu faueur de moy desia on crie que ie ne suis plus, & on prend mõ corps pour vn vmbre & ceux qui m'ont cognuë, espouuentés encore de me voir me croyent vn fantosme.

He! miſerable, où ſuis-ie reduite, qui euſt creu que i'euſſe deu mourir ayant ſi ſouuent franchi le paſſage de la mort, ayant appris à reuiure, remonter par vſage de ces abiſmes du neant où on m'a fait ſi ſouuent deualer.

Ie naſquis en l'annee 1605. ſoubs le regne de ce grand Henry, qui me tira de ſon cerueau comme Iuppin Minerue, & m'euſt-on pris pour elle, n'eſtoit qu'au lieu de boucliers i'eſtois chargee de balances, tenans vne plume d'vne main, & vn coffre d'or de l'autre.

Ie fus tiree ſur l'Idee de la Royauté, car c'eſt vne dignité, vn honneur & vne puiſſance qui ſe tranſmet du pere au fils, ou bien de la diuinité, car Saturne le premier des dieux n'euſt pas ſi toſt quitté ſon ſceptre, que Iuppiter ſon fils le prit, & s'aſſit ſur ſon throſne. I'ay encore ouy dire que parmy les aſtres les freres iumeaux ſe fõt alternatiuement heritiers de leurs fonctions, & qu'vn touſiours reluit au ciel en la place de sõ frere.

Il y a mille autres choſes & dãs le ciel; & ſur la terre, qu'on peut croire m'auoir ſerui de patrõ, leſquelles ont plus beſoin d'admiration que de preuue. Il me ſuffit de dire que persõne grõde à ma naiſſance, Auſsi ie n'eus pas ſi toſt veu le iour que me voila recherchee & conduitte dans les palais des grands, careſſee & honorée dans les villes, bien-veuuë, & aymee partout. Ceux qui m'abaiſſoient eſtoient ceux qui me vouloyent, & ne pourroiẽt pas iouïr de moy. Ie fuyois les champs, & ces ames agreſtes, & ſauuages. Ie fuyois les armes, & ces horreurs de Mars: car eſtant fille de la clemence, ie n'aymois rien tant que la paix, & le repos.

Ie m'arrestay donc dans les villes, tant pour r'asseurer la naturelle fragilité de mon sexe par cette vaste ceinture de murailles, que pour aussi contenter mon ambition, qui estoit tousiours portee à l'honneur, & à la gloire, dont ces grandes cités abondent. C'est la ou ie me promenay grauement, & la foule du peuple me fit place on demanda qui j'estois, on s'estonna de me voir auec tant de Majesté, & i'attiray l'amour aussi tost que les yeux de ceux qui me regarderent.

Ie feus inuitee dans peu de temps, dans les maisons des particuliers, mais ie n'entrois iamais en lieu, qu'au prealable l'honneur n'y fust entré, & quand ie departois mes faueurs, c'estoit à ceux seulement qui portoient la liuree du Roy, ou qui luy rendoient du seruice. Qui croiroit iamais les biens-faicts, que les François ont ressenty de moy. I'ay conserué tant de familles, & maisons, que si chacune me donnoit vn remede, ie guerirois de cent mille maux. I'ay aggrandy les vns, sans rabaisser les autres, & n'y a ville dans le Royaume, ou mon benefice ne se soit estendu. Par mon moyen on gardoit la splendeur; & le lustre qu'on s'estoit vne fois acquis. On sçauoit l'antiquité des races, & par ordre, les nepueux contoyent l'honneur de leurs ayeuls, iusques à d'autres siecles, j'estois l'ennemie de la fortune, car i'empeschois sa roüe de courir, & elle estoit contrainte aupres de moy de deuenir constante, i'estois le fleau de la mort, car i'arrestois ses bras balancez pour faucher, prolongeant la vie aux vieillards & aux malades, qui fussent morts de regret, & de soucy auant mourir, & leur donnant ce contentement, que tout le monde desire, que de mourir content, I'en ay sauué plusieurs, par mespris de la mort mesme. Ie donnois le courage aux craintifs, & la volõté aux courageux, de se porter aux hazards pour le Salut du peuple, & pour le seruice du souuerain. Et sur ces hauts sieges des fleurs de lys, ie conseruois les hõmes sages, & experimentez, ayants la barbe blanche & venerable, qui les faisoit ressembler plustost a des Dieux, qu'à des hommes, car aussi rendoient ils des oracles pour des iugemens. Ie remplissois les coffres du Roy, des liberalitez faictes sans contrainte sans extorsion d'vn argent donné sans regret, & sans douleur. Ses subiects luy estoient plus fidelles plus obeïssants, & depuis, que ie suis au monde, on n'a peu les esbransler. On n'a veu ny ligueurs ny ligues, ny de troisiesmes partis.

Et pourtant de biens que i'ay faicts, dont ie n'en dy pas le nõbre, ie merite la mort, il faut que ie meure, d'vne mort aduancee, en l'âge de douze ans, en ma verte ieunesse, & la France qui m'a esleuee au monde, elle mesme m'en veut oster, la nourrice veut tuer ses enfans : ingratte patrie; sus donc mourons, il vaut mieux tomber vne fois, que d'estre ainsi tousiours panchante, l'apprehension du mal, fait plus de mal que le mal mesme, l'vn dure tousiours & l'autre passe en vn moment. Ie ne regrette pas mes iours, car ils ont esté trop nubles, & trop long temps couuerts de gresles & tẽpestes pour moy. Ie ne regrette pas l'aage, auquel ie suis cueillie, car c'est ainsi qu'on cueille les roſes , ie regrette ſeulement les maux qu'apportera ma mort : Ie les diray quoyqu'il faſche, car s'il eſtoit defendu de me douloir, ce me ſeroit plus de douleur, ſi mes yeux en ſont exempts, ma penſee en eſt affligée.

Et me ſemble des-ja que j'entends les cris & les gemiſſemens, des meres deſolees, que ie voy leur corps couuert de deuil, & leur ame de triſteſſe. Le fils tout eſploré voyant mourir ſon pere, mourront tous deux enſemble & la mort luy ſera plus douce que la vie, laquelle luy reſtoit ſeulemẽt a perdre, apres auoir perdu ſa gloire, & le ſuject de ſon amour. Les corps demeureront ſans ſepulture l'eſpace de quarante jours & d'aduantage, & les ames erreront la bas durant ce temps, faute de ce deuoir, On recognoiſtra les familles au nom, & non pas au visage, & si les peres reuiuoient, la pluspart desaduoueroiét leurs enfans, Les vns souffriront du mal par honte ou par cõtrainĉte, qu'ils aurõt eu horreur de voir mesmes sur autruy, les herbes croistrõt sur l'ẽtrée de ces maisõs superbes & les hyboux tascheront d'y faire leur nid. On effacera les peinrures dotees pour se seruir de l'or, on destendra les tappisseries, & vendra les tableaux pour empescher la faim, & ne se trouueront que les seuls seruiteurs, qui vueillent achepter l'image de leur maistre.

A lors sera peinte dans ces solitudes, la face de l'hyuer, & les poutres de ces beaux edifices ruinés, comme les arbres despoüillés des fueilles estendrõt vn nud brãchage ceux des prouinces plus esloignees, emporteront les dignitez, & viendront habiter, & tenir rãg dans les villes, ou ils n'estoient iamais entrez: ils quitterõt leur patrie & serõt employés à la deffẽces des lieux, ou ils n'ont pas pris naissance. La fortune, & la mort reprendront leur regence, & on s'esiouyra des effects de leur pouuoir.

A Dieu la fidelité, elle paroistra bien tousiours à l'exterieur, mais au dedans on se souuiendra des rayons plustost que du Soleil, & receuant les officespardon on apprẽdra à receuoir presents. Adieu la iustice sans la fidelité, elle sera mesprisée, & foulée des grands, la faueur l'emportera, ou faudra qu'elle cede à la violence, Et de ceux qui se sont fiez à moy, & à la longueur de mes iours, sans pouuoir autrement soulager leur vie, combien de rage, & de fureur; combien de desespoir: combien de querelles, & litiges, combien de diuorces, combien de maladies.

O que de teſtes ſont attachees à la mienne, ô que de vies depēdent de ma vie : ô que de morts apportera ma mort ; Cache toy Soleil, car auſſi bien ie ne te dois plus voir, eſteignez vous aſtres, pour tant de malheurs, car auſſi bien voſtre lumiere eſt eſteinte pour moy.

Loquar in amaritudine animæ meæ, & dicam, noli me condemnare. Iob. c. 10.

www.ingramcontent.com/pod-product-compliance
Lightning Source LLC
LaVergne TN
LVHW021638170726
843501LV00007B/2295
* 9 7 8 2 3 2 9 6 5 4 7 1 3 *